Animales de la Selva Amazónica
El tucán
Katie Gillespie
EYEDISCOVER

Ve a **www.eyediscover.com** e ingresa el código único de este libro.

CÓDIGO DEL LIBRO

AVW42473

EYEDISCOVER te trae libros mejorados por multimedia que apoyan el aprendizaje activo.

Published by AV² by Weigl
350 5th Avenue, 59th Floor New York, NY 10118
Website: www.eyediscover.com

Library of Congress Control Number: 2018942801

ISBN 978-1-4896-8213-0 (hardcover)

Printed in the United States of America
in Brainerd, Minnesota
1 2 3 4 5 6 7 8 9 0 22 21 20 19 18

052018
011618

English Editor: Katie Gillespie
Spanish Editor: Ana María Vidal
Designer: Mandy Christiansen
Spanish/English Translator: Translation Services USA

Weigl acknowledges Getty Images, Corbis, and Shutterstock as the primary image suppliers for this title.

EYEDISCOVER proporciona contenido enriquecido, optimizado para el uso en tabletas, que complementa este libro. Los libros de EYEDISCOVER se esfuerzan por crear un aprendizaje inspirado e involucrar a las mentes jóvenes en una experiencia de aprendizaje total.

Mira
El contenido de video da vida a cada página.

Navega
Las miniaturas simplifican la navegación.

Lee
Sigue el texto en la pantalla.

Escucha
Escucha cada página leída en voz alta.

Tu EYEDISCOVER con Seguimiento de Lectura Óptico cobra vida con...

Audio
Escucha todo el libro leído en voz alta.

Video
Los videos de alta resolución convierten cada hoja en un seguimiento de lectura óptico.

OPTIMIZADO PARA

- TABLETAS
- PIZARRAS ELECTRÓNICAS
- COMPUTADORES
- ¡Y MUCHO MÁS!

El tucán

En este libro, aprenderás sobre

- cómo me veo
- dónde vivo
- qué como

¡y mucho más!

Yo soy un tucán.

Yo soy un pájaro tropical. Yo soy conocido por mi gran pico y colores brillantes.

Mi pico puede ser rojo, amarillo, naranja, blanco o verde. Sus colores ayudan a mantenerme a salvo.

Mi pico tiene bordes afilados como dientes. Los uso para atrapar y pelar mi comida.

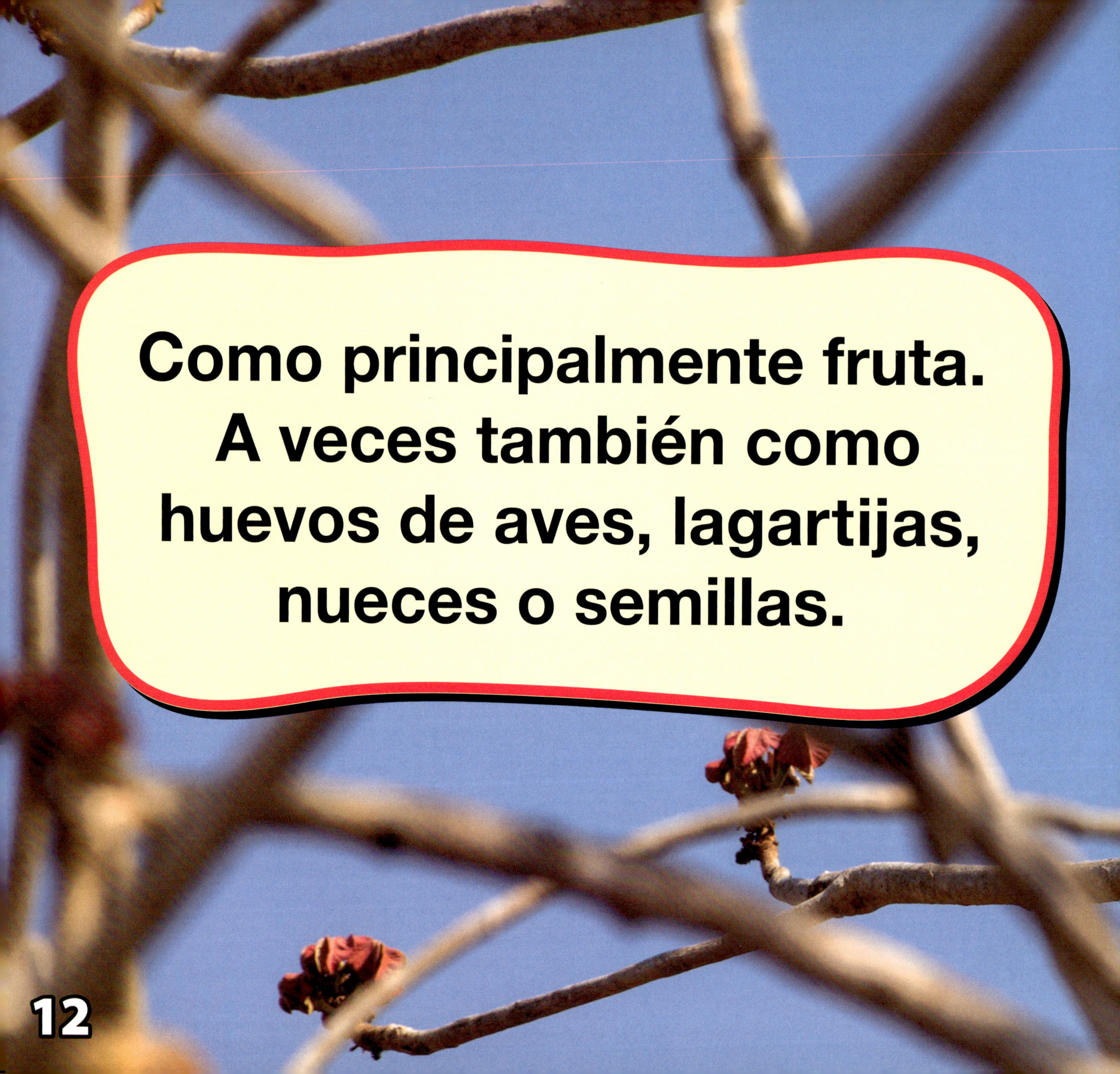

Como principalmente fruta. A veces también como huevos de aves, lagartijas, nueces o semillas.

Como fruta de los árboles cerca de mi nido en la mañana. Busco más comida durante el día.

Vivo con mi familia en un grupo llamado bandada. Hablamos entre nosotros con fuertes graznidos y gritos.

No puedo volar bien
con mis alas pequeñas.
En cambio salto entre las
ramas de los árboles.

Vivo en la
selva tropical.
Necesito árboles altos
para poder construir
mi casa.

TUCÁN EN NÚMEROS

Los tucanes ponen hasta **5 huevos** a la vez.

Hay alrededor de **35** especies **diferentes** de tucanes.

Los tucanes viven en **Centro** y **Suramérica**.

Los tucanes viven en grupos de **6** o más aves.

Los tucanes están **estrechamente** relacionados con los **pájaros carpinteros.**

El pico de un tucán puede ser **cuatro veces** más grande que su **cabeza.**

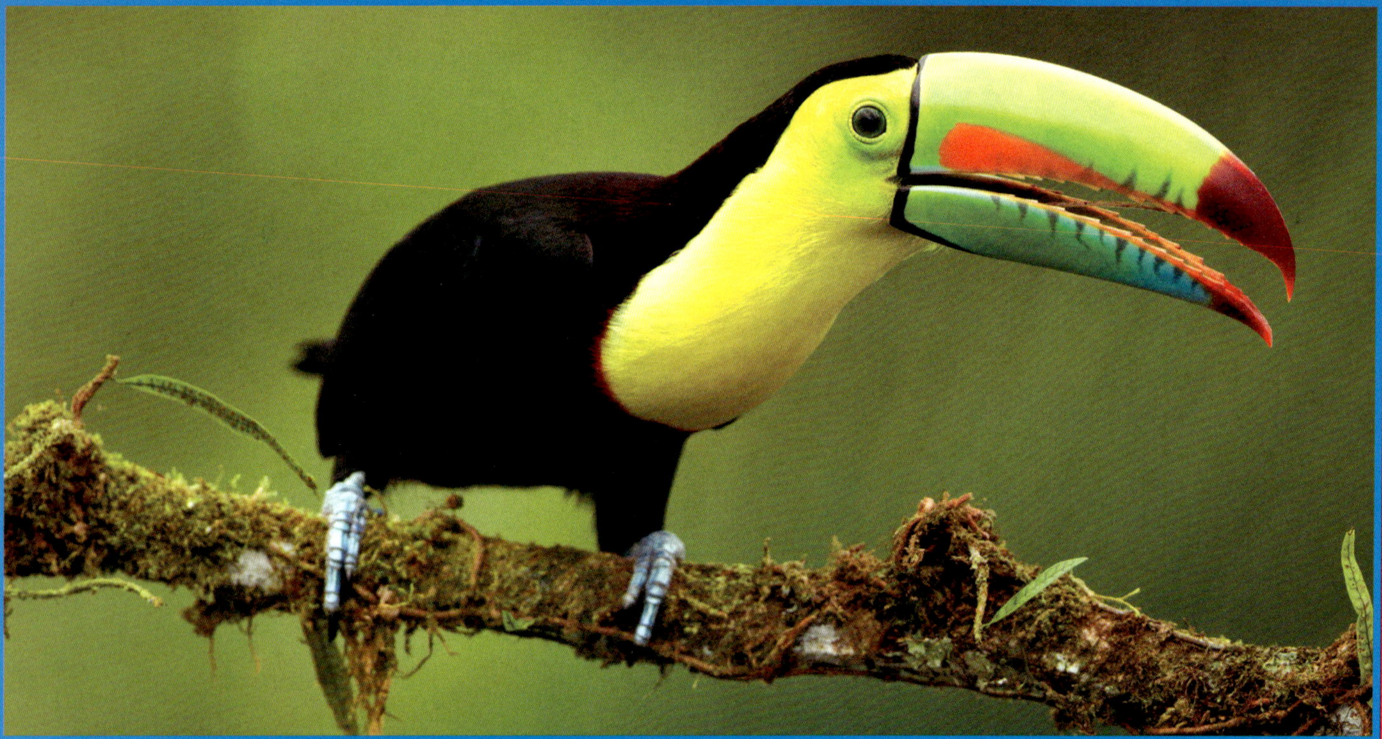

Mira
El contenido de video da vida a cada página.

Navega
Las miniaturas simplifican la navegación.

Lee
Sigue el texto en la pantalla.

Escucha
Escucha cada página leída en voz alta.

Ve a www.eyediscover.com e ingresa el código único de este libro.

CÓDIGO DEL LIBRO

AVW42473